BEI GRIN MACHT SICH IHR WISSEN BEZAHLT

- Wir veröffentlichen Ihre Hausarbeit, Bachelor- und Masterarbeit

- Ihr eigenes eBook und Buch - weltweit in allen wichtigen Shops

- Verdienen Sie an jedem Verkauf

Jetzt bei www.GRIN.com hochladen und kostenlos publizieren

Bibliografische Information der Deutschen Nationalbibliothek:

Die Deutsche Bibliothek verzeichnet diese Publikation in der Deutschen National-
bibliografie; detaillierte bibliografische Daten sind im Internet über http://dnb.d-
nb.de/ abrufbar.

Dieses Werk sowie alle darin enthaltenen einzelnen Beiträge und Abbildungen
sind urheberrechtlich geschützt. Jede Verwertung, die nicht ausdrücklich vom
Urheberrechtsschutz zugelassen ist, bedarf der vorherigen Zustimmung des Verla-
ges. Das gilt insbesondere für Vervielfältigungen, Bearbeitungen, Übersetzungen,
Mikroverfilmungen, Auswertungen durch Datenbanken und für die Einspeicherung
und Verarbeitung in elektronische Systeme. Alle Rechte, auch die des auszugsweisen
Nachdrucks, der fotomechanischen Wiedergabe (einschließlich Mikrokopie) sowie
der Auswertung durch Datenbanken oder ähnliche Einrichtungen, vorbehalten.

Impressum:

Copyright © 2018 GRIN Verlag
Druck und Bindung: Books on Demand GmbH, Norderstedt Germany
ISBN: 9783668834286

Dieses Buch bei GRIN:

https://www.grin.com/document/448860

Ruben-Sergei Kraatz

Aus der Reihe: e-fellows.net stipendiaten-wissen

e-fellows.net (Hrsg.)

Band 2880

IT Sicherheit. Herausforderungen für die Betreiber kritischer Infrastrukturen

GRIN Verlag

GRIN - Your knowledge has value

Der GRIN Verlag publiziert seit 1998 wissenschaftliche Arbeiten von Studenten, Hochschullehrern und anderen Akademikern als eBook und gedrucktes Buch. Die Verlagswebsite www.grin.com ist die ideale Plattform zur Veröffentlichung von Hausarbeiten, Abschlussarbeiten, wissenschaftlichen Aufsätzen, Dissertationen und Fachbüchern.

Besuchen Sie uns im Internet:

http://www.grin.com/

http://www.facebook.com/grincom

http://www.twitter.com/grin_com

FOM Hochschule für Oekonomie & Management Essen

Standort Hamburg

Berufsbegleitender Studiengang zum

Master of Science IT Management

2. Semester

Seminararbeit in: Interdisziplinäre Aspekte der Wirtschaftsinformatik

Thema:

IT-Sicherheit - Herausforderungen für die Betreiber kritischer Infrastrukturen

Autor: Ruben-Sergei Kraatz

Abgabedatum: 12.08.2018

Inhaltsverzeichnis

Abkürzungsverzeichnis III

Abbildungsverzeichnis III

1. Einleitung und Zielsetzung 1
2. Aktuelle Anforderungen an die IT-Sicherheit 3
   - 2.1 Reale Bedrohungsszenarien 3
     - 2.1.1 Ransom-Ware 4
     - 2.1.2 DDoS-Attacken auf IoT 5
     - 2.1.3 Social Engineering 5
     - 2.1.4 Bedrohung durch Innentäter 6
   - 2.2 Technologischer Trend: Smart Metering 7
   - 2.3 Rechtlicher Rahmen 8
3. Organisatorische Maßnahmen und Auswirkungen 10
   - 3.1 Erfassung von Schutzmaßnahmen 10
   - 3.2 Durchführung von Penetrationstests 11
   - 3.3 Meldepflichten 11
   - 3.4 Einführung und Durchführung des Risikomanagements 12
   - 3.5 ISMS 12
   - 3.6 Compliance 14
   - 3.7 Regelmäßige Prüfverfahren 15
   - 3.8 Beschaffungsprozesse 16
4. Fazit 17

Anhang IV

Literaturverzeichnis V

Abkürzungsverzeichnis

BSI .... Bundesamt für Sicherheit in der Informationstechnik

DDoS .... Distributed-Denial-of-Service

DS-GVO .... Datenschutzgrundverordnung

IoT .... Internet of Things

IT-SiG .... IT-Sicherheitsgesetz

LoRaWAN .... Long Range Wide Area Network

NIS .... Richtlinie zur Gewährung einer hohen Netzwerk- und Informationssicherheit

UP-KRITIS .... Umsetzungsplan für kritische Infrastrukturen

Abbildungsverzeichnis

Abbildung 1: Tätergruppen Datendiebstahl, Spionage und Sabotage in der IT 4

1. Einleitung und Zielsetzung

In der vorliegenden Seminararbeit werden ausgewählte, für die Betreiber von kritischen Infrastrukturen aktuelle und praxisrelevante, IT-Sicherheitsaspekte und die hieraus resultierenden organisatorischen Auswirkungen betrachtet. Zunächst erfolgt eine Einordnung der Begriffe *kritische Infrastruktur* und *IT-Sicherheit*. Im Anschluss werden die betreiberspezifischen Anforderungen an die IT-Sicherheit durch das Zusammenwirken mit gängigen Bedrohungsarten und der Entwicklung neuer Trends am Beispiel von Smart Metering skizziert. Nachfolgend wird der rechtliche Rahmen, die hiervon abzuleitenden Maßnahmen und die Konsequenzen für die Beschaffungsprozesse beschrieben. Im Fazit werden exemplarisch hieraus entstehende Spannungsverhältnisse aufgezeigt, um die Herausforderungen zu verdeutlichen und mögliche Ansätze zur Beantwortung der Frage nach den Möglichkeiten einer vollständigen Umsetzung der internen und externen Anforderungen an die Betreiber zu geben. Gemäß den gesetzlichen Vorschriften im Bereich der IT-Sicherheit werden die kritischen Infrastrukturen in Deutschland schwerpunktartig betrachtet, die dem IT-Sicherheitsgesetz unterliegen. Insbesondere werden die Betreiber fokussiert, die den Branchen *öffentliche Wasserversorgung* und *öffentliche Abwasserbeseitigung* zugeordnet werden.

Kritische Infrastrukturen

Als kritische Infrastrukturen gelten Organisationen oder Systeme, die eine wichtige Bedeutung für das Gemeinwesen darstellen. Ein Ausfall oder eine Störung innerhalb einer kritischen Infrastruktur kann dazu führen, dass grundlegende wirtschaftliche, gesellschaftliche oder sicherheitsrelevante Funktionen nicht gewährleistet sind und deutliche Einschränkungen für die Bevölkerung entstehen.[1] Die enge Verzahnung zwischen einzelnen kritischen Infrastrukturen erhöht die Relevanz eines sicheren und stabilen Betriebs im Sinne des Allgemeinwohls, da Ausfälle sich untereinander bedingen können. So kann ein lang andauernder regionaler Stromausfall eine Beeinträchtigung der Wasserversorgung oder Abwasserentsorgung nach sich ziehen.[2]

---

[1] Vgl. *Bundesministerium des Innern*, Nationale Strategie, 2009, S. 5 ff.
[2] Vgl. *Lorenz, D.*, Kritische Infrastrukturen aus Sicht der Bevölkerung, 2010, S. 20 ff.

IT-Sicherheit

Die IT-Sicherheit befasst sich mit dem Schutz gespeicherter und zu verarbeitender elektronischer Informationen und unterscheidet sich somit von der Begrifflichkeit der *Informationssicherheit* insoweit, dass letztere sich auf den Schutz sämtlicher Informationen, also auch auf nichttechnischer Datensätze, bezieht.[3] Sie gliedert sich in personelle, organisatorische und materielle Bestandteile. Grundsätzlich wird ein IT-System als *sicher* bezeichnet, wenn die drei Grundwerte Vertraulichkeit, Verfügbarkeit und Integrität gewährleistet sind. Die Ausprägung der Werte kann sich jedoch individuell innerhalb der Betrachtungsperspektive unterscheiden.[4] Es existieren keine festgelegten spezifischen Messindikatoren für die genannten Faktoren. Vielmehr stellt jede IT-Komponente, ebenso wie die Unternehmensführung, individuelle Anforderungen an die Sicherheitseigenschaften.[5] Diese werden durch obligatorische und optionale Sicherheitsvorschriften ergänzt. Aus diesen Schutzzielen ergeben sich für die Betreiber unterschiedliche Bedarfe, wie etwa die Vermeidung von Ausfallzeiten von Systemen oder Prozessen, die Sicherherstellung eines kontinuierlichen Datenzugriffes, die Verhinderung von unrechtmäßigen Veränderungen von Daten und Systemen, die Sicherstellung der Datenechtheit und der Datenherkunft sowie dem Schutz vor unrechtmäßiger Datenweitergabe.[6]

---

[3] Vgl. *Hansen, H. R., Mendling, J., Neumann, G.*, Wirtschaftsinformatik, 2015, S. 69.
[4] Vgl. *Bundesamt für Sicherheit in der Informationstechnik*, Zusatzdokument, 2011, S. 10 ff.
[5] Vgl. *Schoolmann, J., Rieger, H.*, Praxishandbuch IT-Sicherheit, 2005, S. 25-27.
[6] Vgl. *Deutsche Vereinigung für Wasserwirtschaft, Abwasser und Abfall*, IT-Sicherheit - Branchenstandard, 2017, S. 4 ff.

2. Aktuelle Anforderungen an die IT-Sicherheit

Die Digitalisierung von Geschäftsprozessen und Produkten sowie die zunehmende Verbreitung von Cloud-Diensten stellen hohe Anforderungen an Unternehmen dar.[7] Insbesondere bei Betreibern von kritischen Infrastrukturen muss vor und während der Nutzung neuer Technologien ein Fokus auf die Einhaltung sicherheitsrelevanter Aspekte gelegt werden, um nachgelagerte Beeinträchtigungen der Kernprozesse zu vermeiden. Dies führt in der Praxis häufig zu einem Konflikt zwischen dem Einsatz innovativer Methoden oder moderner Produkte und der Wahrung von IT-Sicherheit.

2.1 Reale Bedrohungsszenarien

Unternehmen sehen sich verschiedensten IT-spezifischen Bedrohungsszenarien ausgesetzt. Neben den identifizierten, und in den vielen Fällen erfolgreich abgewehrten, Angriffsfällen existiert eine hohe Dunkelziffer an unentdeckten Infiltrationen von IT-Systemen. Die Motive der als Einzeltäter oder zunehmend in Gruppen auftretenden Angreifer sind in aller Regel wirtschaftlicher, finanzieller oder politischer Natur. Wirtschaftlich und finanziell motivierte Angriffe zeichnen sich durch Erpressungsversuche, Industriespionage oder den Diebstahl von Daten aus. Politisch motivierte Angriffe werden hingegen oftmals von Staaten beziehungsweise deren Geheimdiensten durchgeführt oder in Auftrag gegeben. Sie verfolgen überwiegend das Ziel der Manipulation oder der Beschädigung von Daten und technischen Anlagen und bilden somit ein für kritische Infrastrukturen bedeutendes Tatmotiv. Wenngleich staatliche Organisationen in der gesamtwirtschaftlichen Betrachtung die kleinste Tätergruppierung darstellen.[8]

Bei der Angriffshäufigkeit ist kein signifikanter Unterschied zwischen kritischen Infrastrukturen und anderen Wirtschaftsbetrieben festzustellen, während sich bei den Angriffsarten differente Schwerpunkte abzeichnen.[9]

---

[7] Vgl. *Hansen, H. R., Mendling, J., Neumann, G.*, Wirtschaftsinformatik, 2015, S. 32 f.
[8] Vgl. *Bartsch, M., Frey, S.*, Cyberstrategien für Unternehmen und Behörden, 2017, S. 20 ff.
[9] Vgl. *Bitkom e.V.*, Spionage, Sabotage und Datendiebstahl, 2015, S. 8 ff.

Abbildung 1: Tätergruppen Datendiebstahl, Spionage und Sabotage in der IT

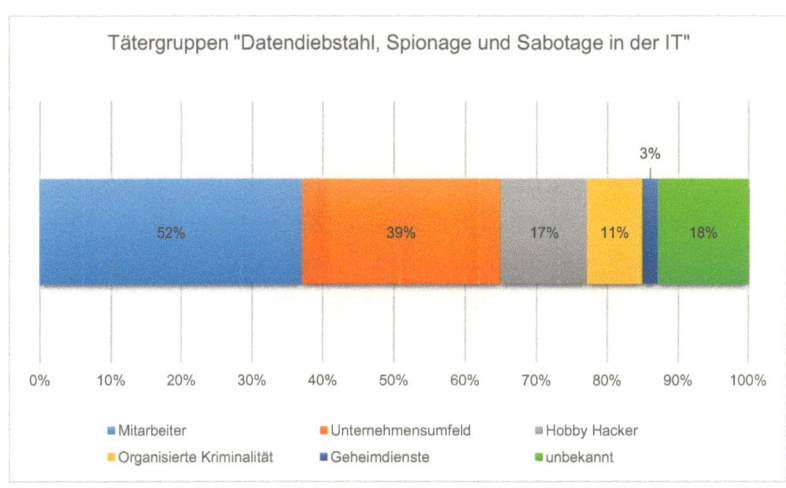

Quelle: In Anlehnung an *Bitkom e.V.*, Spionage, Sabotage und Datendiebstahl, 2015, S. 20

2.1.1 Ransom-Ware

Die Gefahr durch Angriffe von Erpresser-Software (Ransom-Ware) stellt nach aktuellen Statistiken eine konkrete und zunehmende Bedrohungslage dar.[10] Bei diesem Angriffsszenario erfolgt eine Verschlüsselung von Dateiinhalten und eine gleichzeitige Zahlungsaufforderung an den Betroffenen, welche mit der potentiellen Herausgabe der Entschlüsselungskodierung verbunden ist. Als Schutzmaßnahmen dienen der Einsatz aktueller Sicherheitssoftware und die präventive regelmäßige Durchführung von Datensicherungen, welche außerhalb der Gefährdungszone gespeichert werden sollten.[11]

---

[10] Vgl. *Lechner, U.*, Monitor 2.0, 2018, S. 37.
[11] Vgl. *Bundesamt für Sicherheit in der Informationstechnik*, Schutz Kritischer Infrastrukturen, 2017, S. 6 f.

2.1.2 DDoS-Attacken auf IoT

Ein weiteres reales Risiko existiert in dem weltweit zunehmenden Einsatz von internetfähigen Gegenständen, wie zum Beispiel Glühlampen oder Smart Metern. Oftmals werden die IoT-Geräte nicht mit ausreichenden Schutzmechanismen, wie sichere Kennwörter oder langfristige Update-Konzepte ausgeliefert. Angreifern gelingt es somit verstärkt, IoT-Produkte in Bot-Netzen zusammenzuschließen und Überlastungsangriffe auf Unternehmen durchzuführen. In vergangener Zeit zeichneten sich diese DDoS-Attacken zunehmend durch den Zusammenschluss infizierter PCs aus. Die vermehrte Nachfrage und Produktion internetfähiger Gegenstände erhöht die für Angreifer nutzbare Rechenkapazität erheblich und steigert gleichzeitig auch die mögliche Gefährdungs- und Schadenshöhe in den Unternehmen.[12] Bezogen auf kritische Infrastrukturen könnten Überlastungsangriffe bei unzureichenden Schutzmaßnahmen zu einem mehrtägigen Ausfall kritischer Systeme führen. Ansätze zur sicheren Hard- und Software-Entwicklung finden im Security by Design Modell, welches sich auf die Umsetzung von überprüfbaren und nachweisbaren Sicherheitsanforderungen während des gesamten Entwicklungsprozess konzentriert.[13]

2.1.3 Social Engineering

Durch eine gezielte Manipulation von Mitarbeitern kann es Angreifern gelingen, vertrauliche Informationen zu erhalten, die unrechtmäßige Zahlung von Geldern oder die Implementierung von schadhafter Software zu veranlassen und diese für kriminelle Zwecke zu missbrauchen. Die Täter beschaffen sich zunächst frei verfügbare Hintergrundinformationen über das Angriffsziel, wie etwa Organigramme auf den Internetpräsenzen des betroffenen Unternehmens und persönliche Präferenzen von Mitarbeitern in Schlüsselpositionen mittels der Auswertung von sozialen Netzwerk-Profilen. Im Anschluss kontaktieren die Angreifer das Opfer unter einem Vorwand und nutzen die gesammelten Informationen, um eine Vertrauensbasis herzustellen. Durch das Erzeugen einer Stresssituation

---

[12] Vgl. *Hansen, H. R., Mendling, J., Neumann, G.*, Wirtschaftsinformatik, 2015, S. 377 ff.
[13] Vgl. *Mehrfeld, J.*, Gemeinsame Verantwortung, 2018, S. 24-30.

werden daraufhin Handlungen, wie die Installation einer bestimmten Schadsoftware erzwungen. Strategien zur Gefahrenabwehr von Social Engineering Angriffen bestehen überwiegend aus Sensibilisierungsmaßnahmen für die Mitarbeiter und in der Einführung technischer und prozessualer Kontrollinstanzen zu denen unter anderem Virenscanner, Berechtigungskonzepte oder der Einführung mehrstufiger Freigabeprozesse gehören.[14]

2.1.4 Bedrohung durch Innentäter

Zu der Tätergruppe der Innentäter zählen interne wie auch externe Mitarbeiter innerhalb eines Unternehmens. Mitarbeiter verfügen in der Regel über unterschiedlichste direkte physische und digitale Zutritts- und Zugriffsmöglichkeiten auf Räumlichkeiten und Informationen innerhalb der Organisation und gehören somit zum größten Risikofaktor für die IT- und Unternehmenssicherheit.

Etwa können mittels Manipulation von Hardware durch Keylogger Tastaturanschläge aufgezeichnet und die gewonnenen Informationen zu Schädigungszwecken zweckentfremdet werden.[15] Ein weiteres potentielles Angriffsszenario durch Innentäter stellt die Entwendung von sensiblen Daten, wie Geschäftszahlen oder personenbezogene Kunden- bzw. Finanzdaten, dar.[16]

Als präventive Schutzmaßnahmen gelten unter anderem Sicherheitsprüfungen während der Personalauswahl, die Pflege und Umsetzung von Gebäude- und IT-Schutzkonzepten, zu denen auch Rollenkonzepte gehören, sowie regelmäßige Mitarbeiterschulungen und operative Maßnahmen, wie eine Clean Desk Firmenpolitik.[17]

---

[14] Vgl. *https://www.bsi-fuer-buerger.de/BSIFB/DE/DigitaleGesellschaft/IT_Sicherheit_am_Arbeitsplatz/SoEng/Social_Engineering_node.html*, Zugriff am: 10.07.2018.
[15] Vgl. *Hansen, H. R., Mendling, J., Neumann, G.*, Wirtschaftsinformatik, 2015, S. 409 f.
[16] Vgl. *Kesten, H., Klett, G.*, Data Leakage Prevention, 2014, S. 50 ff.
[17] Vgl. *Corporate Trust*, Industriespionage, 2012, S. 30 ff.

2.2 Technologischer Trend: Smart Metering

Versorgungsunternehmen verfolgen die Einführung einer digitalen und vernetzten Messzählertechnologie. Die Beweggründe liegen zum einen in der Gestaltung eines von der Regierung geförderten und geforderten intelligenten Stromnetzes (Smart Grid), welches den Verbrauch optimieren und die Stromversorgung und Erzeugung effizienter und transparenter werden lassen soll. Zum anderen ermöglicht die Installation von intelligenten Zählern in Haushalten und Gewerbebetrieben eine Kostenersparnis durch die Reduzierung von Personalaufwänden, welche durch automatisierte Zählerstandablesungen erzielt wird. Darüber hinaus können die Kunden schnelle und digitale Auskünfte über den Verbrauchsverlauf und aktuelle Preise erhalten.[18] Neben den Vorteilen sind jedoch auch die Risiken zu betrachten und unter den Aspekten der IT-Sicherheit zu bewerten.

Die bei den Verbrauchern installierten Komponenten speichern und übermitteln zum Teil personenbezogene Daten und sind über Schnittstellen häufig direkt über das Internet mit den Betreibern verbunden. Die kritischen Infrastrukturen erweitern in solchen Fällen ihr IT-Netz und erhöhen somit das Angriffspotenzial. Die derzeit befürchteten Bedrohungsszenarien konzentrieren sich schwerpunktartig auf die Manipulation von Zählerständen, die mutwillige Störung von Zähleranlagen sowie, bei einer bestehenden Anbindung an das jeweilige Heimnetzwerk, auf den Angriff weiterer Geräte im häuslichen Netzwerk der Endkunden.

Es etabliert sich die vergleichsweise neue bidirektionale Funktechnologie namens Low-Power Wide-Area Network und insbesondere der sich hieraus entwickelte Standard Long Range Wide Area Network. Diese Technik zeichnet sich dadurch aus, dass sie die wesentlichen Anforderungen von IoT-Produkten, wie Smart Meter, besser erfüllt. Der niedrige Energieverbrauch, die hohen Sicherheitsansprüche, niedrige Verbindungskosten, günstige Hard- und Software und ein internetunabhängiger Funkstandard gelten als Vorteile. Für die Implementierung von LoRaWAN ist die Errichtung von Funkantennen in einem Abstand zwischen 2 Kilometern und 15 Kilometern, je nach Art des Geländes und der dortigen Bebauungsdichte, notwendig.[19] Das intelligente Endgerät kann mittels einer

---

[18] Vgl. *Servatius, H.-G., Schneidewind, U., Rohlfing, D.*, Smart Energy, 2012, S. 120 ff.
[19] Vgl. *https://www.heise.de/make/meldung/The-Things-Network-Gateway-fuer-200-Euro-funkt-10-Kilometer-weit-2852069.html*, Zugriff am: 03.08.2018.

integrierten Sendeeinheit Informationen über den aktuellen Zustand bzw. den Verbrauch direkt an die Empfangseinheit senden. In aktuellen Projekten werden in ersten deutschen Städten Funknetzwerke nach LoRaWAN implementiert und getestet. Trotz der eingesetzten Verschlüsselungstechnologien und dem Betrieb außerhalb von lokalen Heimnetzwerken, sind mögliche Sicherheitsrisiken nicht vollends ausgeschlossen. Erste Schwachstellen wurden bereits in der dauerhaften Festlegung von Session Keys und in der Verschlüsselungslänge von Nachrichten, die der Länge des zugehörigen Schlüssels entsprechen, identifiziert. Auch im Falle einer flächendeckenden Ausrüstung mit LoRaWAN sind neben IT-Sicherheitsthemen weitere datenschutzrelevante Fragestellungen zu betrachten.[20]

2.3 Rechtlicher Rahmen

Mit der Richtlinie zur Gewährung einer hohen Netzwerk- und Informationssicherheit besteht seit 2016 eine EU-weite Regelung für die Sicherheitsmindeststandards kritischer Infrastrukturen. Die in nationales Recht zu überführende NIS-Richtlinie wird in Deutschland durch das IT-Sicherheitsgesetz umgesetzt und im Rahmen der vorhandenen Öffnungsklauseln spezifiziert. Die Einhaltung und die Umsetzung des IT-SiG wird wiederum durch das Bundesamt für Sicherheit in der Informationstechnik sichergestellt, welches seine Legitimation durch das Gesetz über das Bundesamt für Sicherheit in der Informationstechnik erhält.[21] Vorgeschrieben ist, dass die Mindestanforderungen der Verordnungen des BSI erreicht bzw. übertroffen werden und somit der Schutz der IT-Infrastruktur sichergestellt ist. Weiterhin müssen die Betreiber angemessene Vorkehrungen zur Störungsvermeidung, unter dem Einsatz von aktuellen Technologien, treffen.

Das BSI unterteilt die kritischen Infrastrukturen in neun Sektoren. Den Sektoren sind insgesamt 29 Branchen zugeordnet. Für jeden Sektor gelten individuelle Sicherheitsstandards, die in der Regel gemeinsam mit Branchenverbänden erarbeitet und durch das BSI ratifiziert werden.

---

[20] Vgl. *Kostic, V., Janke, R.*, Die Zukunft hat mit LoRa begonnen, 2016, S. 24 ff.
[21] Vgl. *Schneider, F.*, Meldepflichten im IT-Sicherheitsrecht, 2017, S. 361 ff.

Der Schwellenwert für die rechtliche Gültigkeit des IT-SiG liegt bei einer potentiellen erheblichen Versorgungsstörung von 500.000 Menschen, wobei die individuelle Berechnung der Menge an versorgten Einwohnern branchenabhängig ermittelt wird. Ergänzend existiert der durch das BSI initiierte *Umsetzungsplan für kritische Infrastrukturen*, in dem zahlreiche staatliche und privatwirtschaftliche Organisationen branchenübergreifend kontinuierlich neue Lösungskonzepte erarbeiten und somit praxisbezogene Umsetzungsmöglichkeiten der IT-SiG sowie weiterführende und über die rechtlichen Mindestanforderungen hinausgehende Handlungsempfehlungen zur Verfügung stellen.[22]

Die aus dem IT-Sicherheitsgesetz resultierenden Sicherheitsvorgaben begünstigen zudem zahlreiche in der DS-GVO geforderten Maßnahmen zum Datenschutz. So sind die verordneten technischen und organisatorischen Maßnahmen zur geschützten Verarbeitung und Speicherung von Daten bereits in ähnlicher Form im IT-Sicherheitsgesetz enthalten. Ein deutliches, bereits zu Zeiten des Bundesdatenschutzgesetzes bestehendes, Spannungsverhältnis finden sich jedoch weiterhin in der Abwägung zwischen der Umsetzung von IT-Sicherheitsmaßnahmen und der Verhältnismäßigkeit bei der Verarbeitung von personenbezogenen Daten.

Um ein gewisses Mindestschutzniveau bei dem Betrieb von Smart Metern Geräten zu gewährleisten, hat das Bundesamt für Informationssicherheit technische Richtlinien und Standards, zum Beispiel für zentrale Komponenten von Smart Metern, erlassen. Diese müssen von KRITIS-Betreibern beachtet und bei der Prozess- und Systemimplementierung berücksichtigt werden.[23]

---

[22] Vgl. *Bundesamt für Sicherheit in der Informationstechnik*, UP KRITIS, 2014, S. 6 ff.
[23] Vgl. *Bundesamt für Sicherheit in der Informationstechnik*, Smart-Meter-Gateway, 2018, S. 5 ff.

3. Organisatorische Maßnahmen und Auswirkungen

Für die Einhaltung rechtlicher Sicherheitsvorgaben und die Ausführung optionaler Sicherheitsvorhaben ist die Planung und Durchführung von organisatorischen Maßnahmen notwendig. Nachfolgend werden die wesentlichen Pflichten und Managementmodelle sowie die mit der Implementierung verbundenen Auswirkungen beschrieben.

3.1 Erfassung von Schutzmaßnahmen

Nach der BSI-Definition existieren in einer Organisation verschiedene IT-Komponenten, wie etwa IT-Anwendungen oder IT-Systeme, die ein individuelles Gefährdungspotenzial aufweisen und durch entsprechende Maßnahmen geschützt werden müssen. In der Praxis sind in diesen Fällen zunächst sämtliche IT-Komponenten und Anlagen zu ermitteln, im Nachgang als sogenannte *Objekte* zu erfassen, und, sofern möglich, voneinander abzugrenzen.[24]

Im Anschluss sind den Objekten für eine klare Strukturierung und Kategorisierung unterschiedliche Anwendungsfälle zuzuordnen. Hierzu ist mindestens ein Fall pro übergeordneter Anwendungsfallkategorie, welche durch den Branchenstandard festgelegt wird, auszuwählen. Die Kategorien gliedern sich zum Beispiel im Sektor *Wasser* in Architektur, Benutzerzugang, Netzwerkmanagement, Organisation, Programmzugang, SPS/PLS Programmierung und Wartung. Die protokollierten Fälle müssen jederzeit erweiterbar und änderbar sein.[25]

Die erhobenen Anwendungsfälle werden wiederum hinsichtlich ihres Gefährdungspotentials klassifiziert und Maßnahmen zugeordnet, die zur Vermeidung eines Eintrittsfalls erforderlich sind. Gefährdungen und Maßnahmen, die keine Praxisrelevanz aufweisen, können jedoch im Rahmen der Dokumentation vernachlässigt werden.

---

[24] Vgl. *Bundesamt für Sicherheit in der Informationstechnik*, Informationssicherheit, 2012, S. 69 f.
[25] Vgl. *Deutsche Vereinigung für Wasserwirtschaft, Abwasser und Abfall*, IT-Sicherheit - Branchenstandard, 2017, S. 10-12.

3.2 Durchführung von Penetrationstests

Durch einen Penetrationstest kann festgestellt werden, ob und inwieweit die IT-Infrastruktur Sicherheitsrisiken bzw. Sicherheitsschwachstellen aufweist. Zudem kann das Testverfahren zu einer Verbesserung der Investitionsstrategie beitragen, da ermittelte Schwachstellen zielgerichteter behoben werden können. Die Testdurchführung sollte bestenfalls innerhalb eines rollierenden Qualitätsmanagements implementiert sein und regelmäßig erfolgen, um einen Erkenntnisgewinn aus vorhergegangenen Testläufen zu erzielen und die Behebung von ermittelten Schwachstellen nachhaltig sicherzustellen. Ein Penetrationstest weist in der Praxis eine erhöhte Komplexität auf. Testszenarien müssen vorab erarbeitet und Sinne der Systemstabilität geplant werden.[26]

3.3 Meldepflichten

Grundsätzlich existieren in Deutschland für alle Unternehmen Meldepflichten auf dem Gebiet des Datenschutzes. Des Weiteren unterliegen kritische Infrastrukturen umfangreicheren Meldepflichten des IT-SiG. Sicherheitsvorfälle, die mit einer Verletzung des Schutzes personenbezogener Daten verbunden sind, sind somit an die zuständigen Landesbeauftragten für den Datenschutz zu melden. IT-Störungen, die einen außergewöhnlichen Charakter aufweisen oder zu einem Ausfall oder einer Beeinträchtigung der Systeme, Prozesse oder Komponenten geführt haben, müssen an das BSI als zuständige Aufsichtsbehörde gemeldet werden.

Als außergewöhnliche Störung gelten Vorfälle, die nicht mit Unterstützung einer Maßnahme, die dem Stand der Technik entspricht, verhindert werden konnten. Als *Ausfall* wird ein Versagen oder eine deutliche Qualitätsminderung einer kritischen Anlage definiert. Eine Beeinträchtigung zeichnet sich hingegen durch eine Minderung der Versorgungsleistung von mindestens 50 Prozent aus.[27]

---

[26] Vgl. *Sowa, A., Duscha, P., Schreiber, S.*, IT-Revision, IT-Audit und IT-Compliance, 2015, S. 173 ff.
[27] Vgl. *https://www.bsi.bund.de/DE/Themen/Industrie_KRITIS/KRITIS/IT-SiG/Neuregelungen_KRITIS/Meldepflicht/FAQ_zur_Meldepflicht/faq_meldepflicht_node.html#faq8141870*, Zugriff am: 06.08.2018.

Bedingt durch die Systemhoheit stellt in der Regel nur der Betreiber selbst Sicherheitsvorfälle fest und ist daher meist die einzige meldefähige Instanz. Das BSI ist somit auf die Einhaltung der Meldepflichten durch die Betreiber dringend angewiesen, da keine konkreten direkten Überwachungsmöglichkeiten existieren. Nachweisliche Verstöße gegen die Meldepflichten können durch das BSI mit Bußgeldern sanktioniert werden.[28]

3.4 Einführung und Durchführung des Risikomanagements

Da eine allumfassende und allgegenwärtige Sicherheit von IT-Systemen nicht sichergestellt werden kann, sind Risiken zu ermitteln, zu messen und entsprechende Maßnahmen zur Risikominimierung zu planen.

Die ermittelten Gefährdungen müssen in Hinblick auf der jeweiligen Eintrittswahrscheinlichkeit und deren Auswirkung bewertet werden. Die sich hieraus ergebenen Risiken lassen sich mit bestimmten Handlungsempfehlungen versehen, die je nach Risikograd unterschiedlich einzuordnen und zu priorisieren sind.[29]

„Die Bewertung von Risiken erfolgt in Abhängigkeit zu der jeweiligen Eintrittswahrscheinlichkeit und den hieraus resultierenden Auswirkungen. Risiken mit einer mittleren oder hohen Eintrittswahrscheinlichkeit, die zum Ausfall von Anlagen oder Systemen führt, sind nicht zulässig."[30]

3.5 ISMS

Der aktuelle Stand der Technik gilt als ein Indikator für die konforme Umsetzung des IT-Sicherheitsgesetzes und wird zum Beispiel innerhalb des Sektors *Wasser* durch die Einhaltung des zugehörigen IT-Sicherheitsleitfadens gewährleistet. Die IT-Systeme sind demnach nach bestimmten Kriterien laufend zu aktualisieren, zu überwachen und innerhalb eines geeigneten Systems zu dokumentieren.[31]

---

[28] Vgl. *Schneider, F.*, Meldepflichten im IT-Sicherheitsrecht, 2017, S. 460 f.
[29] Vgl. *Königs, H.-P.*, IT-Risiko-Management mit System, 2009, S. 127.
[30] *Deutsche Vereinigung für Wasserwirtschaft, Abwasser und Abfall*, IT-Sicherheit - Branchenstandard, 2017, S. 18.
[31] Vgl. ebd., S. 5 ff.

In der Praxis kann und wird der aktuelle Stand der Technik in der Regel durch externe Auditierungen und mit der Einführung eines Information Security Management Systems nachgewiesen. Um den gesetzlichen Vorgaben vollends zu entsprechen, muss hierbei ein anerkanntes Security Management Verfahren gewählt werden. Hierzu gehören im Wesentlichen die Vorgaben der ISO Norm 27001, des IT-Grundschutzstandards des BSI und die durch das BSI anerkannten Branchenstandards.[32] Die Managementsysteme weisen folgende thematische Übereinstimmungen auf:

Transparenz & Awareness

- Die zu definierenden Sicherheitsziele werden aus den Zielen der Unternehmensleitung abgeleitet.
- Es wird eine Kommunikationsstrategie etabliert und festgestellt, wann welche Stakeholder über welche Vorfälle wie informiert werden müssen.
- Es werden ausreichend Ressourcen für die Implementierung und den laufenden Betrieb des ISMS bereitgestellt.

Erhöhung des Sicherheitsniveaus

- Die Managementsysteme verfolgen den Schutz der Integrität, der Verfügbarkeit und der Vertraulichkeit von Informationen. Hierfür werden Risiken ermittelt und klassifiziert sowie spezifische Maßnahmen und Messkriterien ermittelt.

Compliance

- Ein ISMS hat die Aufgabe, Unternehmenswerte zu erhalten sowie die interne und externe Regulatorik, wie Gesetze oder vertragliche Bestimmungen, einzuhalten.

Dokumentation

- Für die Implementierung und den laufenden Betrieb eines ISMS sind zahlreiche Dokumentationen anzufertigen und laufend zu überprüfen bzw. anzupassen.

Das ISMS ist meist eng mit der IT verzahnt, da dort der überwiegende Teil der Informationen verarbeitet wird. Es umfasst jedoch sämtliche Informationen innerhalb einer Organisation, die auch in Form von physischen Dokumenten bestehen. Es werden alle Daten

---

[32] Vgl. *Deutscher IT-Sicherheitskongress,* Tagungsband, 2017, S. 509 f.

übergreifend betrachtet und nicht explizit nach einem existierenden Personenbezug bewertet. Die Übernahme von Datenschutzaufgaben ist demnach nicht zwangsläufig mit dem ISMS verbunden.

Der genaue Umfang der Leistungsfähigkeit eines ISMS ist durch das Management und in Abhängigkeit zu den erlassenen Compliance-Richtlinien und gesetzlichen Anforderungen zu erstellen. Das Management ist zudem für die Berufung und Kompetenzvergabe der ISMS-Verantwortlichen zuständig. Neben der erforderlichen System-Implementierung entfällt ein deutlicher Personalaufwand auf operativen Folgeprozesse. Diese Aufwände können anhand systemspezifischer Berechnungsmodelle prognostiziert werden. Ein Unternehmen mit 2.000 Mitarbeitern, einer relativ heterogenen Systemlandschaft mit Hochverfügbarkeitsanforderungen und einer erhöhten Schutzbedarfsquote von 20 Prozent, benötigt nach der Berechnungsformel des BSI, Personalressourcen in Höhe von 2,7 Vollzeitstellen im Einführungsjahr und circa 2 Vollzeitstellen in den Folgejahren.[33] Hinzu kommen empfohlene in- oder extern durchzuführende ISMS-Revisionen, welche alle zwei Jahre stattfinden und mit einem Personalaufwand von jeweils bis zu 100 Personentagen verbunden sein können.[34] Neben den direkt mit der Steuerung des ISMS betrauten Arbeitskräften ist die Ressourcenbindung weiterer Mitarbeiter durch Schulungen, Informationsveranstaltungen oder Auditierungen zu berücksichtigen.[35]

3.6 Compliance

Ein funktionierendes Information Security Management System verlangt unter anderem Maßnahmen zur Einhaltung gesetzlicher und freiwilliger Sicherheitsstandards innerhalb einer IT-Compliance. Die IT-Compliance ist eine Disziplin der Corporate Compliance und verfolgt das Ziel, die IT-gestützten Geschäftsabläufe störungsfrei sicherzustellen, Schäden abzuwenden und sämtliche Vorschriften und Standards in Bezug auf den Umgang mit der Informationstechnologie innerhalb des Unternehmens durchzusetzen.[36]

---

[33] Vgl. *https://www.bsi.bund.de/SharedDocs/Downloads/DE/BSI/Sicherheitsberatung/Personalschaetzung/Schaetztool_Personalschaetzung.xls*, Zugriff am 10.07.2018; siehe Anhang Nr. 1.
[34] Vgl. *Bundesamt für Sicherheit in der Informationstechnik*, Informationssicherheitsrevision , 2010, S. 20 ff.
[35] Vgl. *Bundesamt für Sicherheit in der Informationstechnik*, Arbeitshilfe, 2012, S. 15 ff.
[36] Vgl. *Stober, R., Ohrtmann, N.*, Compliance, 2015, S. 4 f.

Als Präventivmaßnahmen kann die IT-Compliance durch gezielte Schulungen Mitarbeiter aufgabenspezifisch über Gefährdungspotentiale und Verhaltensregeln informieren. Die Implementierung bietet sich insbesondere für KRITIS-Betreiber an, da wechselnde gesetzliche Verordnungen, die gesellschaftliche Verantwortung und das erhöhte Angriffsrisiko eine umfassende und laufende Sensibilisierung erfordern. Zumal der Unsicherheitsfaktor, *Mensch,* der größte Risikofaktor innerhalb der IT-Sicherheit ist.[37] Neben Sicherheitsmängeln bei Dienstleistern sind die häufigsten IT-Sicherheitsvorfälle bei KRITIS-Betreibern auf das beabsichtigte und unbeabsichtigte Fehlverhalten der eigenen Mitarbeiter zurückzuführen.[38]

3.7 Regelmäßige Prüfverfahren

Kritische Infrastruktur-Betreiber müssen sich regelmäßigen Auditierungen bzw. Prüfverfahren unterziehen. Während der Überprüfung werden neben der Konformität der gesetzlichen Anforderungen auch die Einhaltung eines neutralen Prüfverfahrens sichergestellt. Die prüfende Stelle muss zuvor ihre Eignung und Neutralität bei der Deutschen Akkreditierungsstelle, unter anderem durch die Zertifizierung der DIN EN ISO/IEC 270001 bzw. der DIN EN ISO/IEC 17021-1, nachweisen und die prüfenden Mitarbeiter entsprechend schulen bzw. nach den jeweiligen Kompetenzen einsetzen.[39]

Die Betreiber sind zu Einzel- sowie Zusatzprüfungen verpflichtet, wobei letztere für Re-Zertifizierungen obligatorisch sind. Während eines Audits werden die Bestimmungen des IT-Sicherheitsgesetzes sowie Sektoren- und Branchenspezifische Standards durch in Prüfungsplänen festgelegten Befragungen, Inspektionen und Dokumentenanalysen überprüft. Der Aufwand und somit auch die Länge einer Überprüfung richtet sich im Wesentlichen nach der Größe bzw. der Anzahl der zu überprüfenden IT-Komponenten und Anwendungsfälle und wird in der Praxis meist durch die Auswahl von Stichproben reduziert.

---

[37] Vgl. *Rath, M., Sponholz, R.*, IT-Compliance, 2014, S. 23.
[38] Vgl. *Lechner, U.*, Monitor 2.0, 2018, S. 37.
[39] Vgl. *Stober, R., Ohrtmann, N.*, Compliance, 2015, S. 8-12.

Nach der erfolgten Auditierung wird ein Prüfbericht erstellt, welcher auch die identifizierten Mängel, deren Bewertung und Verbesserungsempfehlungen enthält. Darüber hinaus werden Fristen und Folgeüberprüfungs- bzw. Nachweistermine dokumentiert.[40]

3.8 Beschaffungsprozesse

Soft- und Hardware Komponenten werden überwiegend bei externen Herstellern und Lieferanten beschafft. Hierbei gelten nach dem IT-Sicherheitsgesetz spezielle Vorschriften. Die Betreiber von kritischen Infrastrukturen sind aus ihrer Kundensicht darauf angewiesen, dass die Lieferanten den abgestimmten Funktionsumfang und vereinbarten Sicherheitsstandard tatsächlich bereitstellen und einhalten. Komplexe Liefer- und Produktionsketten erhöhen allerdings das Potential von Sicherheitsschwachstellen. So muss zum Beispiel eine Sicherheitsschwachstelle in einem Software-Produkt nicht zwingend direkt durch den Hersteller verursacht sein. Ein vom Hersteller beauftragter Dienstleister, der ggf. schützenswerte Daten unrechtmäßig bei einem nicht zertifizierten Cloud-Dienst hinterlegt, würde ggf. einen zunächst unbemerkten kritischen Sicherheitsverstoß innerhalb der Produktionskette begehen. Umso wichtiger ist es aus Kundensicht, dass umfassende Auditierungsrechte und Zertifizierungspflichten in der gesamten Produktionskette eingefordert werden. Darüber hinaus intensivieren internationale Lieferantenbeziehungen die Herausforderungen einer vertrauensbasierten Zusammenarbeit. Insbesondere im ausschreibungspflichtigen öffentlich-rechtlichen Bereich werden Kunden-Lieferanten-Beziehungen häufig zwangsweise geschlossen. Generell sind die Soft- und Hardware-Anbieter zum Nachweis der erforderlichen Schutzmaßnahmen verpflichtet. Die tatsächliche Einhaltung und Umsetzung der Maßnahmen bedarf jedoch eine entsprechende Vertrauensbasis, zumal eine tatsächliche Überprüfung der Sicherheitsstandards oftmals nicht möglich ist.[41]

---

[40] Vgl. *Deutsche Vereinigung für Wasserwirtschaft, Abwasser und Abfall*, IT-Sicherheit - Branchenstandard, 2017, S. 9 ff.
[41] Vgl. *Piller, E.*, Beschaffung unter Berücksichtigung der IT-Sicherheit, 2017, S. 5 ff.

4. Fazit

Der technologische Fortschritt und die digitale Transformation von Produkten und Dienstleistungen macht auch vor den Betreibern von kritischen Infrastrukturen keinen Halt. Die Nachfrage nach der Schaffung modernerer Services und effizienterer Prozesse wächst sowohl bei den Kunden als auch bei den Betreibern zunehmend. In der Praxis hat dies zur Folge, dass zum einen schnelle und kostengünstige IT-Lösungen implementiert werden sollen und zum anderen die rechtlichen Rahmenbedingungen eingehalten werden müssen. Für die KRITIS-Betreiber entstehen somit auf der einen Seite ein gewisser Digitalisierungsdruck und auf der anderen Seite die besondere Pflicht zum Schutz des Allgemeinwohls. Die gesetzlichen Vorschriften der IT-SiG fordern zahlreiche organisatorische Anpassungen und die Einstellung von zusätzlichem Personal, um Managementsysteme und Sicherheitsmaßnahmen zu implementieren.

Bei der zu erreichenden Sicherheit handelt es sich jedoch um keinen Zustand, sondern vielmehr um einen Prozess. Neben der Implementierungsphase sind somit Strukturen zu schaffen, die eine Weiterentwicklung der Managementsysteme und eine kontinuierliche Bewertung von Sicherheitseigenschaften ermöglichen. Eine funktionsfähige IT-Compliance bildet in diesem Zusammenhang einen wesentlichen Erfolgsfaktor zur unternehmensweiten Sensibilisierung sicherheitsrelevanter Verhaltensweisen und der Minimierung von Sicherheitsschwachstellen. Die erhöhten Anforderungen an die Personal- und Budgetplanung rechtfertigen sich durch die zunehmende Bedrohungslage, die sich in Form von Angriffsversuchen auf die Anlagen und Systeme von KRITIS-Betreibern widerspiegeln und bei einem unzureichenden Schutzniveau zu schweren Krisen oder Katastrophen führen könnten. Dienstleister, die ebenfalls von strengeren gesetzlichen Auflagen betroffen sind, müssen ihre Arbeits- und Produktionsschritte transparenter gestalten und oftmals verstärkt Ressourcen in die Dokumentation und Zertifizierung von Prozessen und Produkten investieren, um weiterhin als Lieferanten tätig sein zu können. Der hiermit verbundene Aufwand stellt besonders für kleinere Unternehmen eine große Mehrbelastung dar, die jedoch notwendig ist, um ein hohes Schutzniveau sicherzustellen. Der Gesetzgeber stellt zahlreiche Informationen und Dokumentationen bereit, um den Aufbau und die Einhaltung konformer Prozesse zu erleichtern. Jedoch wird erst die Zukunft zeigen, ob der technologische Fortschritt und die Gesetzgebung jederzeit kompatibel sind und in der Praxis sämtliche rechtlichen Forderungen eingehalten und kontrolliert werden können.

Anhang

Anhang1: Musterberechnung mit dem BSI Schätztool Personalschätzung V 2.1

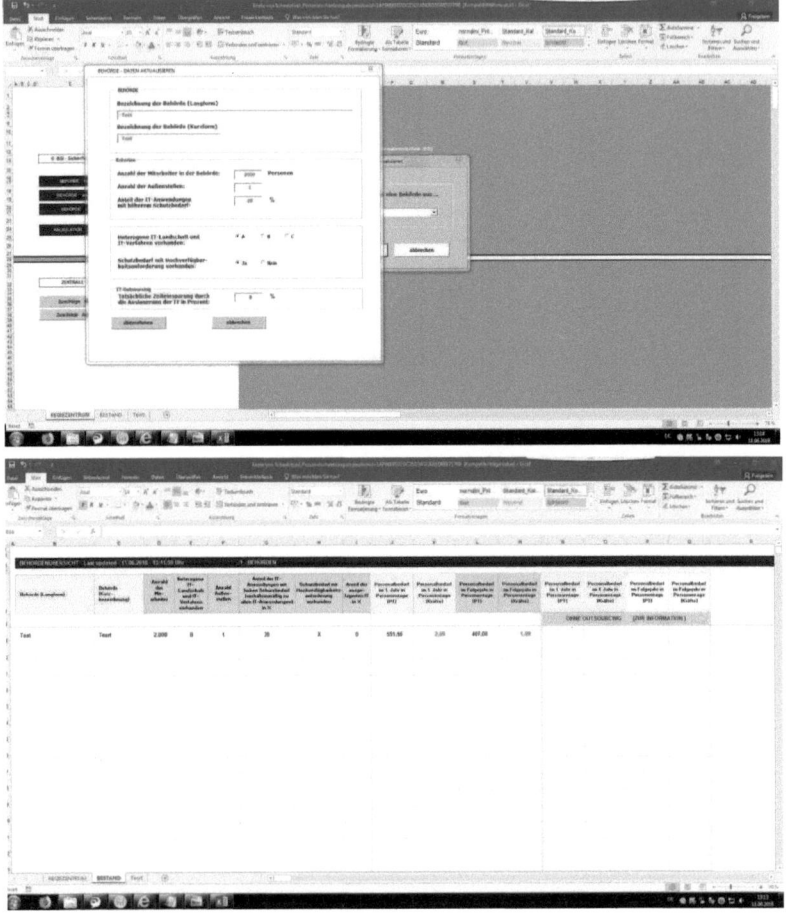

Literaturverzeichnis

Bartsch, Michael /Frey, Stefanie (Cyberstrategien für Unternehmen und Behörden, 2017): Cyberstrategien für Unternehmen und Behörden: Maßnahmen zur Erhöhung der Cyberresilienz, Wiesbaden: Springer Vieweg, 2017

Bitkom e.V. (Spionage, Sabotage und Datendiebstahl, 2015): Spionage, Sabotage und Datendiebstahl – Wirtschaftsschutz im digitalen Zeitalter, Berlin, 2015

Bundesamt für Sicherheit in der Informationstechnik (Informationssicherheitsrevision, 2010): Informationssicherheitsrevision - Ein Leitfaden für die IS-Revision auf Basis von IT-Grundschutz, 2. Aufl., Bonn, 2010

Bundesamt für Sicherheit in der Informationstechnik (Arbeitshilfe, 2012): Arbeitshilfe zur Feststellung des Aufwandes und zur Planung des personellen Ressourceneinsatzes für IT-Sicherheitsteams in der öffentlichen Verwaltung, 2. Aufl., Bonn, 2012

Bundesamt für Sicherheit in der Informationstechnik (Informationssicherheit, 2012): Leitfaden Informationssicherheit: IT-Grundschutz kompakt, Bonn, 2012

Bundesamt für Sicherheit in der Informationstechnik (UP KRITIS, 2014): UP KRITIS Öffentlich-Private Partnerschaft zum Schutz Kritischer Infrastrukturen: Grundlagen und Ziele, Bonn, 2014

Bundesamt für Sicherheit in der Informationstechnik (Schutz Kritischer Infrastrukturen ,2017): Schutz Kritischer Infrastrukturen: durch IT-Sicherheitsgesetz und UP-KRITIS, Bonn, 2017

Bundesamt für Sicherheit in der Informationstechnik (Smart-Meter-Gateway, 2018): Das Smart-Meter-Gateway, Bonn, 2018

Bundesministerium des Innern (Nationale Strategie, 2009): Nationale Strategie zum Schutz Kritischer Infrastrukturen (KRITIS-Strategie), Berlin, 2009

Corporate Trust (Industriespionage, 2012): Studie Industriespionage 2012, München: Corporate Trust Business Risk & Crisis Management, 2012

Deutscher IT-Sicherheitskongress (Tagungsband, 2017): Digitale Gesellschaft zwischen Risikobereitschaft und Sicherheitsbedürfnis: Tagungsband zum 15. Deutschen IT-Sicherheitskongress, Gau-Algesheim: SecuMedia Verlag, 2017

Hansen, Hans Robert/Mendling, Jan/Neumann, Gustaf (Wirtschaftsinformatik, 2015): Wirtschaftsinformatik: Grundlagen und Anwendungen, 11. Aufl., Berlin: De Gruyter Oldenbourg Verlag, 2015

Deutsche Vereinigung für Wasserwirtschaft Abwasser und Abfall (IT-Sicherheit - Branchenstandard, 2017): IT-Sicherheit - Branchenstandard Wasser/Abwasser - M 1060, Hennef: DWA, 2017

Kesten, Heinrich/Klett, Gerhardt (Data Leakage Prevention, 2014): Data Leakage Prevention, Heidelberg: mitp/bhv Verlag, 2014

Königs, Hans-Peter (IT-Risiko-Management mit System, 2009): IT-Risiko-Management mit System: Von den Grundlagen bis zur Realisierung – Ein praxisorientierter Leitfaden, 3., Auflage, Wiesbaden: Springer Vieweg, 2009

Kostic, Viktor/Janke, Ronald (Die Zukunft hat mit LoRa begonnen, 2016): Die Zukunft hat mit LoRa begonnen: Low-Power-Netze für das Internet der Dinge, in: Zeitschrift für Kommunikationsmanagement Nr. 9, S. 22–25, Kremmen, 2016

Lechner, Ulrike (Monitor 2.0, 2018): Monitor 2.0 IT-Sicherheit Kritischer Infrastrukturen, Neubiberg: Universität der Bundeswehr München, 2018

Lorenz, Daniel (Kritische Infrastrukturen aus Sicht der Bevölkerung, 2010): Kritische Infrastrukturen aus Sicht der Bevölkerung, Berlin: Freie Universität Berlin, 2010

Mehrfeld, Jens (Gemeinsame Verantwortung, 2018): Gemeinsame Verantwortung, in: BSI Magazin Nr 01/2018, S. 24–26, Bonn: Bundesamt für Sicherheit in der Informationstechnik, 2018

Piller, Ernst (Beschaffung unter Berücksichtigung der IT-Sicherheit, 2017): Beschaffung unter Berücksichtigung der IT-Sicherheit: Wichtigkeit, Herausforderungen und Maßnahmen, Wiesbaden: Springer Fachmedien, 2017

Rath, Michael/Sponholz, Rainer (IT-Compliance, 2014): IT-Compliance: Erfolgreiches Management regulatorischer Anforderungen, 2. Aufl., Berlin: Erich Schmidt Verlag, 2014

Schneider, Florian (Meldepflichten im IT-Sicherheitsrecht, 2017): Meldepflichten im IT-Sicherheitsrecht: Datenschutz, Kritische Infrastrukturen und besondere IT-Dienste, Baden-Baden: Nomos Verlagsgesellschaft, 2017

Schoolmann, Jürgen/Rieger, Holger (Hrsg.) (Praxishandbuch IT-Sicherheit, 2005): Praxishandbuch IT-Sicherheit: Risiken, Prozesse, Standards, Düsseldorf: Symposion Publishing, 2005

Servatius, Hans-Gerd/Schneidewind, Uwe/Rohlfing, Dirk (Smart Energy, 2012): Smart Energy: Wandel zu einem nachhaltigen Energiesystem, 1. Auflage, Berlin: Springer Verlag, 2012

Sowa, A./Duscha, P./Schreiber, S. (IT-Revision, IT-Audit und IT-Compliance, 2015): IT-Revision, IT-Audit und IT-Compliance: Neue Ansätze für die IT-Prüfung, Wiesbaden: Springer Fachmedien, 2015

Stober, Rolf/Ohrtmann, Nicola (Hrsg.) (Compliance, 2015): Compliance: Handbuch für die öffentliche Verwaltung, Stuttgart: Kohlhammer Verlag, 2015

Bundesamt für Sicherheit in der Informationstechnik (Zusatzdokument, 2011): Zusatzdokument zum pdf zum Webkurs IT-Grundschutz & GSTOOL 4.7, Beschreibung der Recplast GmbH, Bonn, 2011

Internetquellen

https://www.bsi-fuer-buerger.de/BSIFB/DE/DigitaleGesellschaft/IT_Sicherheit_am_Arbeitsplatz/SoEng/Social_Engineering_node.html, Zugriff am: 10.07.2018

https://www.bsi.bund.de/DE/Themen/Industrie_KRITIS/KRITIS/IT-SiG/Neuregelungen_KRITIS/Meldepflicht/FAQ_zur_Meldepflicht/faq_meldepflicht_node.html#faq8141870, Zugriff am: 06.08.2018

https://www.bsi.bund.de/SharedDocs/Downloads/DE/BSI/Sicherheitsberatung/Personalschaetzung/Schaetztool_Personalschaetzung.xls, Zugriff am 10.07.2018

https://www.heise.de/make/meldung/The-Things-Network-Gateway-fuer-200-Euro-funkt-10-Kilometer-weit-2852069.html, Zugriff am: 03.08.2018

BEI GRIN MACHT SICH IHR WISSEN BEZAHLT

- Wir veröffentlichen Ihre Hausarbeit, Bachelor- und Masterarbeit

- Ihr eigenes eBook und Buch - weltweit in allen wichtigen Shops

- Verdienen Sie an jedem Verkauf

Jetzt bei www.GRIN.com hochladen und kostenlos publizieren